Expert de l'huile d'olive depuis 1857,
Puget ensoleille votre cuisine avec des produits gourmands !
Parce qu'il existe mille façons de cuisiner à l'huile d'olive, découvrez des recettes,
classiques ou originales, de l'apéritif au dessert, pour agrémenter vos repas,
en toutes saisons, d'un rayon de soleil du Sud !

Depuis 1857
PUGET

Le petit livre

HUILE D'OLIVE PUGET

EMMANUELLE REDAUD
Photographies de Paulette Benbahmed

MARABOUT

REMERCIEMENTS

Aucune parution plus délicieuse n'eût été possible sans Loula, merci pour tout !
Merci à Marie-Ève !

Avec la collaboration de PUGET.
Tous droits réservés. Toute reproduction ou utilisation de l'ouvrage sous quelque forme et par quelque moyen électronique, photocopie, enregistrement ou autre que ce soit est strictement interdite sans l'autorisation de l'éditeur.

Citation de Grégoire Lacroix, extraite de *Les Douze "Moi" de Grégoire*,
© Éditions Max Milo, 2007

Shopping : Paulette Benbahmed & Emmanuelle Redaud
Suivi éditorial : Marie-Ève Lebreton
Relecture : Véronique Dussidour
Mise en pages : Gérard Lamarche

© Hachette Livre (Marabout) 2013
ISBN : 978-2-501-08139-9
41 1948 3 /02
Dépôt légal : avril 2013
Achevé d'imprimer en mai 2013
sur les presses d'Impresia-Cayfosa en Espagne

SOMMAIRE

KIT SAUCES 4
KIT SMOOTHIES 6
KIT ANTIPASTI 8

APRÈS LA PÉTANQUE

FARFALLE AU PESTO MAISON 10
RIZ SAUTÉ AUX LÉGUMES CROQUANTS 12
RÔTI DE PORC CONFIT AU LAURIER & À L'AIL 14
TARTE AUX PIGNONS DE PIN & À L'ANIS 16
CUPCAKES À LA VIOLETTE 18

EN ÉCOUTANT LES CIGALES

TABOULÉ VERT 20
TARTARE DE SAINT-JACQUES, TOUT SIMPLE ... 22
POIRES RÔTIES À LA SARRIETTE 23
AUBERGINES MARINÉES 24
CHIPS DE LÉGUMES ANCIENS AU SEL DE PIMENT ... 26
DOS DE CABILLAUD RÔTIS, SAUCE AÏOLI 28

DE RETOUR DE LA PLAGE

SPAGHETTIS AUX CREVETTES, À L'AIL & AU GINGEMBRE 30
GASPACHO DE POIVRON JAUNE, TOMATE & ANANAS 32
BOUCHÉES CROUSTILLANTES DE LIEU, SAUCE TARTARE 34
BOULETTES DE BŒUF AUX CHAMPIGNONS, SAUCE TOMATE EXPRESS 36
SALADE DE FRAISES 38

PIQUE-NIQUE DANS LA PINÈDE

SALADE GRECQUE AUX TOMATES CERISES 40
PAN BAGNAT 42
MINI BROCHETTES MELON-MOZZARELLA 44
MONTECAOS À L'HUILE D'OLIVE 45
FILETS DE SARDINE MARINÉS À LA CORIANDRE 46
PICODONS MARINÉS AUX BAIES ROSES & À L'HUILE D'OLIVE 48

FARNIENTE SOUS LA TONNELLE

PAPILLOTES DE BLANCS DE POULET 50
RUMSTECK MARINÉ AUX HERBES 52
SAUMON CONFIT MI-CUIT AUX ÉPICES & À L'HUILE D'OLIVE 54
MOUSSE AU CITRON, MIEL & HUILE D'OLIVE ... 56
POP-CORN CARAMÉLISÉ À L'HUILE D'OLIVE ... 57

KIT SAUCES

VINAIGRETTE

1 échalote, ½ bouquet de ciboulette,
3 cuillerées à soupe d'huile d'olive vierge
extra Puget Classique, 1,5 cuillerée à soupe
de vinaigre balsamique, sel, poivre

Hacher l'échalote et la ciboulette. Mélanger
avec le reste des ingrédients. Idéale
pour assaisonner une salade de tomates.

SAUCE VIERGE AUX OLIVES

1 tomate, 6 olives vertes dénoyautées,
6 olives noires dénoyautées, herbes fraîches,
4 cuillerées à soupe d'huile d'olive vierge
extra Puget Classique, 1 trait de sauce soja,
poivre

Couper la tomate et les olives en petits
morceaux. Hacher les herbes. Mélanger
avec le reste des ingrédients. Idéale
pour accompagner un poisson.

MAYONNAISE SANS ŒUF AUX FRUITS SECS

1 cuillerée à soupe de yaourt (pas trop froid),
1 noisette de moutarde, 1 grosse pincée
de curry, 5 cl d'huile d'olive vierge extra
Puget Classique, 30 g de pignons de pin,
6 abricots secs, sel, poivre

Mélanger le yaourt, la moutarde et le curry
dans un bol. Assaisonner. Ajouter ensuite
l'huile d'olive Puget en filet, tout en
fouettant. Faire griller les pignons à sec
dans une poêle. Couper les abricots secs
en petits dés. Les ajouter à la mayonnaise.
Idéale pour accompagner une viande
blanche froide.

KIT SMOOTHIES

POUR 2 VERRES

CAROTTE, ORANGE & CANNELLE

2 carottes, le jus de 2 oranges, 2 cuillerées à soupe d'huile d'olive vierge extra Puget Classique, 2 cuillerées à soupe de yaourt, 1 grosse pincée de cannelle, un peu de sel, un peu de sucre

Éplucher et couper les carottes en fines lamelles. Les faire cuire 5 minutes à la cocotte-minute dans 10 cl d'eau. Laisser refroidir. Mixer avec les autres ingrédients. Déguster bien froid.

BETTERAVE ROUGE & PAMPLEMOUSSE

1 pamplemousse, 1 betterave rouge, 2 cuillerées à soupe d'huile d'olive vierge extra Puget Classique, 1 pincée de sel

Éplucher le pamplemousse en enlevant bien la peau blanche et les pépins. Mixer longuement les ingrédients ensemble avec 20 cl d'eau. Déguster.

FRAISES, TOMATES & BASILIC

250 g de fraises, 250 g de tomates, 2 cuillerées à soupe d'huile d'olive vierge extra Puget Classique, quelques feuilles de basilic

Mixer ensemble les ingrédients. Déguster bien frais.

KIT ANTIPASTI

TORSADES AUX HERBES

1 pâte feuilletée, 3 cuillerées à soupe d'huile d'olive vierge extra Puget Classique, 100 g de ricotta, 30 g d'herbes hachées, 1 jaune d'œuf, sel, poivre

Préchauffer le four à 200 °C. Mélanger l'huile d'olive Puget, la ricotta et les herbes. Assaisonner. Étaler le mélange sur la moitié de pâte et replier l'autre moitié par-dessus. Badigeonner du jaune d'œuf battu. Couper en bandes de 3 cm de large puis les torsader. Les poser sur la plaque du four garnie de papier sulfurisé. Enfourner et laisser cuire 12 minutes.

CROSTINI TOMATE & BASILIC

12 tranches de pain, 2 cuillerées à soupe d'huile d'olive vierge extra Puget Classique, 2 tomates, 1 cuillerée à café de vinaigre, 4 feuilles de basilic, sel, poivre

Faire dessécher les tranches de pain au grille-pain. Les badigeonner d'un peu d'huile d'olive Puget. Couper les tomates en dés puis les mélanger avec le vinaigre. Saler, poivrer. Hacher le basilic. Répartir le mélange sur les crostini.

HOUMOUS DE HARICOTS BLANCS

1 boîte de haricots blancs cuits, 15 cl d'huile d'olive vierge extra Puget Classique, le jus de ½ citron, 1 oignon doux, 3 branches de persil, cumin en poudre, poivre du moulin

Égoutter les haricots. Les mixer avec l'huile d'olive Puget et le jus de citron. Assaisonner avec du cumin et du poivre. Mélanger avec l'oignon et le persil préalablement hachés.

FARFALLE AU PESTO MAISON

15 MIN DE PRÉPARATION – 10 MIN DE CUISSON

POUR 6 PERSONNES

400 g de farfalle
gros sel
2 cuillerées à soupe de pistaches décortiquées
2 branches de menthe

LE PESTO

10 cl d'huile d'olive vierge extra Puget Noire Délicate
½ bouquet de menthe
½ bouquet de basilic
80 g de parmesan
30 g de pistaches décortiquées
2 gousses d'ail

1- Hacher grossièrement les pistaches et les feuilles de menthe.
2- Mixer ensemble les ingrédients du pesto.
3- Faire cuire les pâtes dans de l'eau bouillante salée.
Les égoutter puis les mélanger avec le pesto.
Parsemer du mélange pistaches-menthe avant de servir.

RIZ SAUTÉ AUX LÉGUMES CROQUANTS

20 MIN DE PRÉPARATION – 15 MIN DE CUISSON

POUR 6 PERSONNES

300 g de riz basmati

500 g de légumes multicolores (carottes, petits pois, poivrons, etc.)

3 cuillerées à soupe d'huile d'olive vierge extra Puget Classique

3 oignons frais

sel, poivre

1- Faire cuire le riz dans une casserole d'eau salée à ébullition. Égoutter et rincer.
2- Éplucher les légumes et les couper en petits morceaux. Les faire cuire *al dente* dans de l'eau bouillante salée.
3- Dans une sauteuse, faire chauffer l'huile d'olive Puget à feu moyen. Y faire revenir le riz à feu vif puis ajouter les légumes.
4- Éplucher puis émincer finement les oignons.
5- Au moment de servir, ajouter les oignons émincés et 1 filet d'huile d'olive Puget. Poivrer.

RÔTI DE PORC CONFIT AU LAURIER & À L'AIL

15 MIN DE PRÉPARATION – 6 H DE CUISSON

POUR 6 PERSONNES

2 kg d'échine de porc ficelée

1 cuillerée à café de fleur de sel

2 cuillerées à café de poivre noir concassé

1 belle branche de laurier

2 têtes d'ail

6 carottes

1 l d'huile d'olive vierge extra Puget Classique

1- Frotter le rôti avec la fleur de sel et le poivre concassé. Le faire revenir dans la cocotte bien chaude pour le colorer de tous côtés.
2- Ajouter la branche de laurier rincée et séchée, l'ail et les carottes épluchées. Couvrir d'huile d'olive Puget et laisser chauffer à feu moyen pendant 5 minutes.
3- Couvrir puis enfourner à 150 °C et laisser cuire 6 heures.
4- Égoutter soigneusement le rôti, les carottes et l'ail. Servir aussitôt, accompagné de légumes verts vapeur.

Conseil : Filtrer l'huile ainsi aromatisée et la mettre en bouteille, elle est délicieuse pour cuire et assaisonner.

TARTE AUX PIGNONS DE PIN & À L'ANIS

20 MIN DE PRÉPARATION – 30 MIN DE RÉFRIGÉRATION – 35 MIN DE CUISSON

POUR 6 PERSONNES

LA PÂTE SABLÉE

200 g de farine

20 g de poudre d'amandes

80 g de sucre glace

1 cuillerée à café rase de levure chimique

1 pincée de sel

10 cl d'huile d'olive vierge extra Puget Classique

LA GARNITURE

100 g de sucre en poudre

1 cuillerée à café de graines d'anis

15 cl de crème liquide

100 g de pignons de pin

1- Mélanger les ingrédients secs de la pâte sablée puis incorporer l'huile d'olive Puget. Foncer des moules à tartelettes de pâte en formant un rebord. Réserver 30 minutes au réfrigérateur.

2- Dans une casserole, faire chauffer le sucre avec 30 g d'eau pour former un caramel. Hors du feu, ajouter les graines d'anis et la crème. Remuer jusqu'à obtenir un mélange homogène.

3- Préchauffer le four à 180 °C.

4- Parsemer les fonds de tartelettes de pignons de pin puis verser le caramel. Enfourner dans le bas du four et laisser cuire 35 minutes. Déguster tiède ou froid.

CUPCAKES À LA VIOLETTE

15 MIN DE PRÉPARATION – 25 MIN DE CUISSON

POUR 8 CUPCAKES

100 g de yaourt nature

50 g d'huile d'olive vierge extra Puget Classique

2 œufs

100 g de sucre en poudre

100 g de farine

½ sachet de levure chimique

1 pincée de sel

LE GLAÇAGE

25 bonbons durs à la violette

230 g de fromage frais

110 g de beurre mou

1- Préchauffer le four à 180 °C.
2- Dans un saladier, mélanger le yaourt, l'huile d'olive Puget, les œufs, le sucre, la farine, la levure et le sel.
3- Verser la pâte dans des moules à muffins aux deux tiers. Enfourner et baisser immédiatement la température à 170 °C. Laisser cuire 25 minutes.
4- Écraser finement les bonbons à la violette. Les mélanger avec le fromage frais jusqu'à ce qu'ils fondent puis ajouter le beurre mou. Bien mélanger.
5- Couvrir les muffins refroidis de glaçage puis servir.

TABOULÉ VERT

10 MIN DE PRÉPARATION

POUR 4 PERSONNES

4 petites courgettes bien fermes

2 branches de menthe fraîche

4 branches de persil plat

3 cuillerées à soupe d'huile d'olive vierge extra Puget Classique

le zeste et le jus de 2 citrons verts

sel, poivre

1- Couper les courgettes en tronçons de 3 cm.
2- Hacher les tronçons de courgette avec les feuilles de menthe et le persil. Le mélange doit ressembler à du taboulé.
3- Mettre dans un saladier puis ajouter l'huile d'olive Puget, le zeste et le jus des citrons verts. Saler, poivrer. Réserver au réfrigérateur jusqu'au moment de servir.

TARTARE DE SAINT-JACQUES,
TOUT SIMPLE

10 MIN DE PRÉPARATION

POUR 4 PERSONNES

8 noix de Saint-Jacques
2 pincées de fleur de sel
1 cuillerée à soupe d'huile d'olive vierge extra Puget Bio

1- Couper les noix de Saint-Jacques en dés.
2- Assaisonner avec un peu de sel et 1 trait d'huile d'olive Puget.
3- Réserver au réfrigérateur jusqu'au moment de servir.

POIRES RÔTIES À LA SARRIETTE

5 MIN DE PRÉPARATION – 20 À 30 MIN DE CUISSON

POUR 4 POIRES

4 poires

20 g d'huile d'olive vierge extra Puget Classique

70 g de miel liquide

3 branches de sarriette fraîche

1- Préchauffer le four à 200 °C.
2- Dans un bol, mélanger l'huile d'olive Puget, le miel et 25 ml d'eau.
3- Éplucher les poires. Les napper du mélange à l'huile d'olive puis les parsemer de sarriette effeuillée.
4- Enfourner et laisser cuire 20 à 30 minutes, en fonction de la maturité et de la taille des fruits. Les arroser régulièrement avec le jus. Servir tiède ou froid, accompagné d'une glace.

Conseil : Remplacer la sarriette par du thym ou du romarin frais.

AUBERGINES MARINÉES

30 MIN DE PRÉPARATION – 5 MIN DE CUISSON – 3 H DE MARINADE

POUR 4 PERSONNES

2 aubergines
2 cuillerées à soupe d'huile d'olive vierge extra Puget Classique
sel, poivre

LA MARINADE

6 cuillerées à soupe d'huile d'olive vierge extra Puget Classique
1 cuillerée à soupe de vinaigre blanc
1 pincée de sucre en poudre
4 branches de thym
2 gousses d'ail
1 ou 2 feuilles de laurier

1- Préchauffer une plaque à grillade.
2- Couper les aubergines en fines tranches. Les enduire d'huile d'olive Puget. Assaisonner.
3- Sur la plaque à grillade bien chaude, disposer les tranches d'aubergine. Laisser cuire 5 minutes. Les retourner à mi-cuisson.
4- Dans un bol, mélanger l'huile d'olive Puget, le vinaigre, 1 cuillerée à soupe d'eau et le sucre.
5- Dans une boîte hermétique, disposer les tranches d'aubergine à plat en intercalant le thym effeuillé et l'ail finement tranché. Recouvrir de marinade. Ajouter le laurier. Fermer et réserver 3 heures au réfrigérateur. Au bout de 2 heures, retourner la boîte afin que toutes les tranches aient bien marinées.

CHIPS DE LÉGUMES ANCIENS AU SEL DE PIMENT

15 MIN DE PRÉPARATION – 15 MIN DE CUISSON

POUR 1 SALADIER

1 l d'huile d'olive vierge extra Puget Classique

1 cuillerée à café de fleur de sel

2 pincées de piment de Cayenne

2 panais

¼ de potimarron

1 betterave rouge, crue

2 carottes

1- Dans une friteuse ou dans une casserole étroite à bord haut, faire chauffer l'huile d'olive Puget à 190 °C.
2- Mélanger intimement le sel avec le piment.
3- Éplucher les légumes et les couper le plus finement possible à l'aide d'une mandoline ou d'un économe.
4- Quand l'huile d'olive Puget Classique est chaude, y plonger les chips de légumes, petit à petit. Égoutter puis poser sur une assiette garnie de papier absorbant. Saupoudrer de sel au piment puis servir.

DOS DE CABILLAUD RÔTI, SAUCE AÏOLI

30 MIN DE PRÉPARATION – 15 MIN DE CUISSON

POUR 4 PERSONNES

600 g de dos de cabillaud coupé en 4 morceaux

1 cuillerée à soupe d'huile d'olive vierge extra Puget Classique

sel, poivre

LA SAUCE AÏOLI

2 gousses d'ail

1 jaune d'œuf

10 cl d'huile d'olive vierge extra Puget Classique

sel, poivre

1- Préchauffer le four à 210 °C.
2- Dans un plat allant au four, disposer les dos de cabillaud. Saler, poivrer, ajouter 1 trait d'huile d'olive Puget. Enfourner à mi-hauteur et laisser cuire 15 minutes.
3- Écraser finement les gousses d'ail épluchées. Les mélanger avec le jaune d'œuf. Saler, poivrer puis monter la sauce à la manière d'une mayonnaise avec l'huile d'olive Puget.
4- Servir le poisson accompagné de légumes cuits à la vapeur et la sauce aïoli.

SPAGHETTIS AUX CREVETTES, À L'AIL & AU GINGEMBRE

15 MIN DE PRÉPARATION – 10 MIN DE CUISSON

POUR 4 PERSONNES

400 g de spaghettis

LA SAUCE

2 gousses d'ail

80 g de gingembre frais

3 cuillerées à soupe d'huile d'olive vierge extra Puget Classique

300 g de crevettes décortiquées

1 cuillerée à café de poivre 5 baies concassé

1 petit piment (facultatif)

sel

1- Dans un grand volume d'eau bouillante salée, faire cuire les spaghettis. Les égoutter puis les rincer.
2- Éplucher puis hacher les gousses d'ail et le gingembre.
3- Dans un wok, faire chauffer l'huile d'olive Puget. Ajouter tous les ingrédients et faire revenir sans coloration.
4- Une fois l'ail juste cuit, ajouter les spaghettis et laisser revenir, tout en mélangeant. Servir aussitôt.

GASPACHO DE POIVRON JAUNE,
TOMATE & ANANAS

10 MIN DE PRÉPARATION

POUR 4 PERSONNES

1 poivron jaune

600 g de tomates jaunes (ou tomates ananas)

2 tranches de pain de mie

1 oignon doux

¼ d'ananas frais

4 cuillerées à soupe d'huile d'olive vierge extra Puget Classique

1 cuillerée à soupe de vinaigre

sel, poivre

1- Éplucher le poivron jaune à l'aide d'un économe puis enlever les pépins.
2- Couper les tomates en quatre puis enlever leur pédoncule.
3- Ôter la croûte du pain.
4- Éplucher l'oignon puis le couper en quatre.
5- Mixer longuement tous les ingrédients jusqu'à ce que le gaspacho soit bien lisse. Réserver au frais jusqu'au moment de servir.

BOUCHÉES CROUSTILLANTES DE LIEU,
SAUCE TARTARE

20 MIN DE PRÉPARATION – 5 MIN DE CUISSON

POUR 4 PERSONNES

1 l d'huile d'olive vierge extra Puget Classique

350 g de filet de lieu

3 cuillerées à soupe de farine

1 œuf

60 g de chapelure

10 g de sésame

sel, poivre

LA SAUCE TARTARE

1 jaune d'œuf

1 cuillerée à café de moutarde forte

15 cl d'huile d'olive vierge extra Puget Classique

2 échalotes

1 cuillerée à soupe de câpres

2 cornichons malossol

1- Dans une friteuse ou dans une casserole étroite à bord haut, faire chauffer l'huile d'olive Puget à 160 °C.
2- Préparer la sauce tartare : monter une mayonnaise avec le jaune d'œuf, la moutarde et l'huile d'olive Puget. Ajouter les échalotes, les câpres et les cornichons hachés finement. Réserver au réfrigérateur.
3- Dans un bol, mélanger la farine avec du sel et du poivre.
4- Dans un deuxième bol, battre l'œuf en omelette.
5- Dans un troisième bol, mélanger la chapelure et le sésame.
6- Couper le poisson en lanières puis les tremper successivement dans la farine, l'œuf puis la chapelure.
Les faire frire jusqu'à ce que la croûte soit bien dorée.
Déguster chaud avec la sauce tartare et une salade verte.

BOULETTES DE BŒUF AUX CHAMPIGNONS,
SAUCE TOMATE EXPRESS

15 MIN DE PRÉPARATION – 10 MIN DE CUISSON

POUR 1 DOUZAINE

1 l d'huile d'olive vierge extra Puget Classique

400 g de viande de bœuf hachée

2 tranches de pain de mie

2 cuillerées à soupe de lait

120 g de champignon shitaki ou de Paris

½ bouquet de persil

1 échalote

1 œuf

chapelure

sel, poivre

LA SAUCE

2 tomates

2 cuillerées à soupe de ketchup

1 gousse d'ail

sel, poivre

1- Dans une friteuse ou dans une casserole étroite à bord haut, faire chauffer l'huile d'olive Puget à 180 °C.
2- Mixer ensemble les ingrédients de la sauce. Réserver.
3- Imbiber le pain de mie de lait.
4- Émincer les champignons. Dans une poêle, les faire revenir à feu vif avec un peu d'huile d'olive Puget.
5- Éplucher et hacher le persil et l'échalote.
6- Mélanger le tout avec la viande hachée et l'œuf. Saler, poivrer. Former 12 boulettes puis les rouler dans la chapelure. Les faire cuire dans l'huile d'olive Puget chaude. Servir avec la sauce.

SALADE DE FRAISES

15 MIN DE PRÉPARATION – 7 MIN DE CUISSON

POUR 4 PERSONNES

500 g de fraises (Mara des bois si possible)

10 cl de vinaigre balsamique

2 cuillerées à soupe d'huile d'olive vierge extra Puget Classique

quelques feuilles de basilic

1- Dans une petite casserole, porter à ébullition le vinaigre balsamique puis laisser réduire à feu moyen pendant 5 minutes. Verser dans un ramequin et laisser refroidir.

2- Rincer les fraises. Ôter leur pédoncule et les couper en deux.

3- Assaisonner les fraises avec l'huile d'olive Puget et 1 cuillerée à café de vinaigre balsamique réduit. Réserver au réfrigérateur. Au moment de servir, ajouter quelques feuilles de basilic.

SALADE GRECQUE AUX TOMATES CERISES

10 MIN DE PRÉPARATION

POUR 4 PERSONNES

200 g de feta

250 g de tomates cerises jaunes

250 g de tomates cerises rouges

2 concombres Noa (mini)

2 cuillerées à soupe d'olives noires

1 cuillerée à soupe de câpres

3 cuillerées à soupe d'huile d'olive vierge extra Puget Classique

sel, poivre

1- Couper la feta en dés.
2- Couper les tomates cerises en deux.
3- Couper les concombres en tranches.
4- Mélanger le tout avec les olives et les câpres. Assaisonner avec l'huile d'olive Puget, le sel et le poivre. Répartir dans 4 coupelles puis servir.

PAN BAGNAT

20 MIN DE PRÉPARATION – 6 H DE MARINADE – 10 MIN DE CUISSON

POUR 4 PERSONNES

4 petits pains ronds

200 g de thon frais (une tranche)

le jus de ½ citron

4 cuillerées à soupe d'huile d'olive Puget Basilic

2 œufs

2 tomates

½ poivron vert

4 petits oignons frais

1 cuillerée à soupe d'olives noires

vinaigre

sel, poivre

1- Dans un plat, disposer le thon et recouvrir avec le jus de citron, 2 cuillerées à soupe d'huile Puget Basilic et du poivre. Laisser mariner 6 heures.
2- Faire cuire les œufs 10 minutes dans de l'eau bouillante.
3- Couper les tomates, le poivron, les oignons et les œufs durs écalés en fines tranches. Assaisonner.
4- Couper le thon en tranches.
5- Badigeonner la moitié de chaque pain d'huile Puget Basilic puis ajouter quelques gouttes de vinaigre. Disposer les tomates puis les autres ingrédients. Fermer les pains avec les chapeaux.

MINI BROCHETTES MELON-MOZZARELLA

10 MIN DE PRÉPARATION

POUR 8 BROCHETTES

½ melon
8 tranches de pancetta
8 billes de mozzarella
1 petite grappe de raisin noir
2 cuillerées à soupe d'huile d'olive vierge extra Puget Classique
sel, poivre

1- Faire des billes de melon à l'aide d'une cuillère parisienne.
2- Couper les tranches de pancetta en deux.
3- Monter les brochettes en alternant les ingrédients.
À la fin, napper d'huile d'olive Puget puis assaisonner.

MONTECAOS À L'HUILE D'OLIVE

5 MIN DE PRÉPARATION – 15 À 20 MIN DE CUISSON

POUR 1 DOUZAINE DE SABLÉS

200 g de farine

75 g de sucre semoule

7,5 cl d'huile d'olive vierge extra Puget Classique

cannelle en poudre

1 - Préchauffer le four à 170 °C.
2 - Mélanger la farine avec le sucre. Ajouter un peu d'huile d'olive Puget pour former une pâte.
3 - Former des boules de pâte puis les poser sur la plaque du four préalablement garnie de papier sulfurisé en les aplatissant légèrement.
4 - Faire un creux au centre de chaque boule avec le bout du doigt et y déposer de la cannelle.
5 - Enfourner et laisser cuire 18 minutes environ : elles doivent cuire sans coloration. Quand des craquelures apparaissent, c'est qu'elles sont cuites. Laisser refroidir sur une grille.

FILETS DE SARDINE MARINÉS À LA CORIANDRE

10 MIN DE PRÉPARATION – 3 H DE RÉFRIGÉRATION – 12 H DE MARINADE

POUR 4 PERSONNES

6 à 12 sardines en fonction de leur taille

1 cuillerée à café de gros sel de mer

2 cuillerées à café de sucre en poudre

½ bouquet de coriandre

1 oignon doux

1 cuillerée à café de graines de cumin

10 cl d'huile d'olive vierge extra Puget Classique

1- Écailler et lever les filets des sardines. Les disposer dans un plat et recouvrir du mélange gros sel et sucre. Réserver 3 heures au réfrigérateur.
2- Rincer les filets de sardine sous un filet d'eau froide.
3- Les disposer dans un plat en intercalant la coriandre, l'oignon finement tranché et le cumin. Recouvrir ensuite d'huile d'olive Puget. Laisser mariner au réfrigérateur jusqu'au lendemain. Servir, accompagné de pain grillé avec du jus de citron.

PICODONS MARINÉS AUX BAIES ROSES
& À L'HUILE D'OLIVE

5 MIN DE PRÉPARATION – 8 JOURS DE MARINADE

POUR 8 PICODONS

8 picodons mi-frais

2 cuillerées à soupe de baies roses

1 cuillerée à café de poivre concassé

2 branches de romarin

2 feuilles de laurier

50 cl d'huile d'olive vierge extra Puget Verte Puissante

1- Mettre les picodons dans un bocal avec les ingrédients aromatiques. Recouvrir d'huile d'olive Puget puis fermer.
2- Réserver dans un endroit frais (mais pas au réfrigérateur) pendant 8 jours minimum.

PAPILLOTES DE BLANCS DE POULET

10 MIN DE PRÉPARATION – 3 H DE MARINADE – 15 MIN DE CUISSON

POUR 4 PERSONNES

4 blancs de poulet

4 cuillerées à soupe d'huile d'olive vierge extra Puget Classique

2 citrons verts

2 pincées de cannelle en poudre

4 petits bâtons de cannelle

sel, poivre

1- Dans un bol, mélanger l'huile d'olive Puget avec le jus et le zeste de 1 citron vert et la cannelle en poudre. Poivrer.
2- Disposer les blancs de poulet dans un plat puis les recouvrir de marinade. Laisser mariner 3 heures.
3- Préchauffer le four à 210 °C.
4- Couper 4 grands rectangles de papier sulfurisé.
5- Couper le citron vert restant en fines tranches.
6- Sur chaque morceau de papier sulfurisé, disposer 1 blanc de poulet au centre. Saler et recouvrir de tranches de citron vert et de 1 bâton de cannelle. Napper de marinade. Refermer la papillote. Enfourner et laisser cuire 15 minutes.

RUMSTECK MARINÉ AUX HERBES

10 MIN DE PRÉPARATION – 8 À 12 H DE MARINADE – 20 MIN DE CUISSON

POUR 4 PERSONNES

700 à 800 g de rumsteck non ficelé

4 gousses d'ail

½ botte d'herbes (coriandre, estragon, persil)

3 cuillerées à soupe d'huile d'olive vierge extra Puget Classique

sel, poivre

1- Couper le rumsteck en trois morceaux dans l'épaisseur.
2- Éplucher puis hacher l'ail.
3- Hacher les herbes.
4- Dans un bol, mélanger l'huile d'olive Puget avec l'ail et les herbes.
5- Assaisonner la première tranche de rumsteck, la recouvrir du mélange aux herbes puis poser dessus la tranche du milieu. Recommencer l'opération et couvrir avec la troisième tranche. Ficeler en serrant bien. Réserver 8 à 12 heures au réfrigérateur.
6- Préchauffer le four à 220 °C.
7- Enfourner le rumsteck et laisser cuire 20 minutes. Laisser reposer 5 bonnes minutes avant de couper la viande.

SAUMON CONFIT MI-CUIT AUX ÉPICES
& À L'HUILE D'OLIVE

10 MIN DE PRÉPARATION – 1 H D'INFUSION – 25 MIN DE CUISSON

POUR 4 PERSONNES

4 darnes de saumon
50 cl d'huile d'olive vierge extra Puget Classique
6 anis étoilés (badiane)
le zeste de 1 orange
sel, poivre

1- Dans une casserole, faire tiédir l'huile d'olive Puget avec les graines de badiane et le zeste de l'orange. Laisser infuser 1 heure en maintenant la température.
2- Préchauffer le four à 80 °C.
3- Dans un plat allant au four, disposer les morceaux de saumon et les assaisonner. Recouvrir d'huile infusée. Enfourner et laisser cuire 25 minutes. Bien égoutter puis servir.

MOUSSE AU CITRON, MIEL & HUILE D'OLIVE

20 MIN DE PRÉPARATION

POUR 4 PERSONNES

le zeste de 1 citron jaune non traité

3 cuillerées à soupe d'huile d'olive vierge extra Puget Classique

120 g de miel

2 blancs d'œuf

1 pincée de sel

15 g d'amandes, effilées grillées

1- Mélanger le zeste du citron avec l'huile d'olive Puget.
2- Dans une petite casserole, faire chauffer le miel.
3- Monter les blancs d'œuf en neige avec 1 pincée de sel. Quand les blancs sont montés, ajouter le miel bouillant en le versant le long du bol, tout en fouettant. Fouetter pendant quelques minutes jusqu'à ce que les blancs soient refroidis.
4- Incorporer délicatement le zeste et l'huile d'olive Puget. Répartir dans des coupelles et parsemer d'amandes effilées, grillées.

POP-CORN CARAMÉLISÉ À L'HUILE D'OLIVE

5 MIN DE PRÉPARATION – 3 MIN DE CUISSON

POUR I SALADIER

50 g de maïs à pop-corn

3 cuillerées à soupe d'huile d'olive vierge extra Puget Classique

3 cuillerées à soupe de sucre cristallisé

8 olives noires hachées

1 - Mettre une grande casserole à chauffer à feu vif. Y verser l'huile d'olive Puget, le maïs, le sucre et les olives hachées. Couvrir et secouer régulièrement pour que le fond ne brûle pas.

2 - Quand tout le maïs a éclaté, le verser sur une plaque pour qu'il refroidisse.

> La plus belle heure de la vie, c'est l'heure de la sieste.
>
> Grégoire Lacroix